AF360343

La Famine
en Russie

La Famine en Russie

LA FAMINE EN RUSSIE

PRÉFACE

DE

ANATOLE FRANCE

Dessin de la Couverture de STEINLEN

EDITION DU COMITE FRANÇAIS DE SECOURS AUX ENFANTS

Secrétariat 16, Rue des Ecoles

PARIS (Ve)

Donnez, donnez leur tôte un peu
de pain, Et qu'ils se lèvent
et qu'ils vivent.

Anatole France

Au Secours des Enfants Russes !

Ce sont des enfants, des innocents, et ils meurent ; ce sont des enfants et ils meurent de faim.

S'ils ne sont pas secourus, il en mourra cinq millions. Vous les avez vus, ces enfants, tels qu'ils sont représentés par l'impitoyable photographie : décharnés, inertes, muets, implorant d'un regard presque éteint une bouchée de nourriture.

Si vous ne secourez pas ces pauvres petits, cette image que vous avez vue vous poursuivra comme un remords tout le reste de votre vie et vous songerez : je l'ai vu agonisant et je me suis détourné de lui, et il est mort.

Donnez aux enfants des mères qui sont mortes de faim ou qui vont mourir en les tenant dans leurs bras. Un faible souffle les anime encore.

Donnez, donnez bien vite un peu de pain.

Et qu'ils se lèvent et qu'ils vivent !

ANATOLE FRANCE.

Les régions éprouvées
par la famine repré-
sentent une surface de
22 670 000 hectares soit
40 % des terres cultivées
de la Russie d'Europe.

La France n'a que
21 325 000 hectares de
terres labourables.

Ces régions comptent
une population de 37
millions d'habitants, soit
33 % de la population
totale de la Russie
d'Europe.

La population actuel-
le de la France est de
36 000 000 d'habitants.

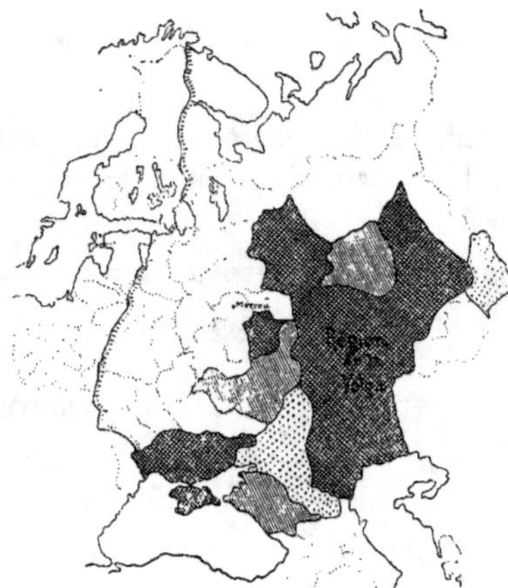

Et la famine s'étend...

A plus de 50 c. de profondeur sur une région plus étendue que la la France, la terre fût cette année crevassée et brûlée par la sécheresse Elle ne produisit en moyenne que 11 pouds 2 de blé par déciatine ce qui, déduction faite du grain nécessaire à l'ense- mencement, équivaut à un taux de 3 pouds par habitant.

Or, d'après les statistiques agricoles établies en Russie avant la guerre, le *chiffre de famine* est évalué à 10 pouds par tête.

La moitié de ce chiffre n'est même pas atteinte !

Un poud = 16 k. 38 ; Une déciatine = 1 hect. 0925.

Une difficulté de plus pour la répartition des vivres : l'état des transports
et des voies de communication,

A travers les champs brûlés...
L'exode des paysans dès qu'ils eurent conscience du désastre.

Pendant la panique.
Un groupe d'errants venant d'échouer à l'entrée de Samara.

Le pain que cet enfant tient à la main est fait avec de la terre glaise, des glands broyés et des restes de chevaux morts.

Un enfant de la région de la Volga.

Ce pain apaise la faim mais n'a aucune valeur nutritive. Encore, dans des districts entiers, en est-on à présent dépourvu.

Dans la rue.

Comme presque toutes les femmes en Russie, celle qui conduit ce groupe d'enfants à la distribution de pain a les cheveux coupés : précaution due à la pénurie de peignes et de savon, dans un pays où sévit le typhus exanthématique qui se transmet par les poux.

Dans un asile d'enfants. — L'arrivée.

Ces enfants-là vivaient encore, il y a un mois, dans un village des bords de la Volga.
Combien en reste-t-il aujourd'hui ?

Deux enfants atteints du scorbut.

Le scorbut est provoqué par l'absence d'aliments frais. L'enflure des jambes contrastant avec l'amaigrissement des bras qui se remarque sur ces photographies, est un phénomène couramment observé chez les enfants mal alimentés.

Le ballonnement du ventre est un autre phénomène aussi fréquemment observé.

Les dents déchaussées, des lésions aux gencives, un enfant atteint
du scorbut agonise.

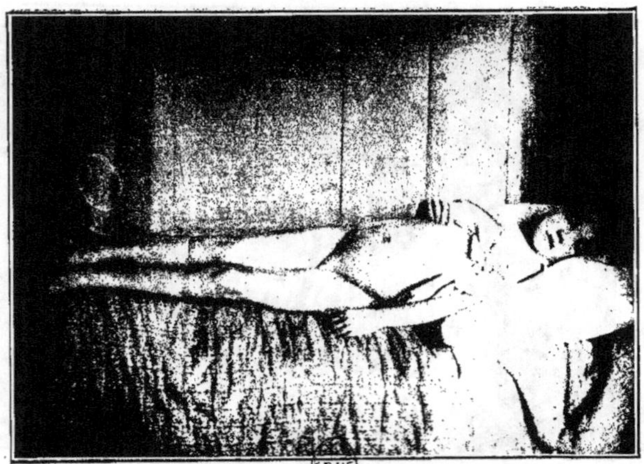

« L'œdème de la faim » (enflure générale du corps) est très caractérisé chez cette fillette.

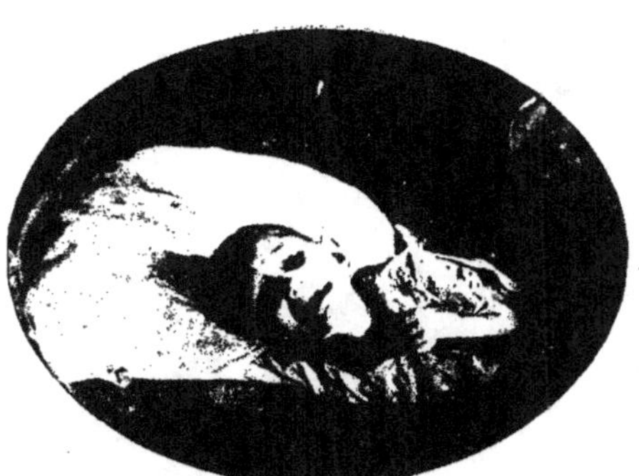

Ils ne s'éteignent qu'après les pires souffrances...

Dans les asiles, l'affluence est si grande qu'on couche les enfants à trois et à quatre dans le même lit. Et comme ils meurent en grand nombre, les petits cadavres restent souvent des jours entiers au milieu des enfants vivants. Ils sont totalement dépourvus de savon, de linge et de médicaments. Dans certains hôpitaux, il y a si peu de place qu'on réveille les enfants toutes les quatre heures, afin qu'ils puissent faire place à d'autres. Peut-on s'étonner que la mortalité s'élève parfois jusqu'à 100 % ?

Une longue durée de sous-alimentation arrête le développement intellectuel des enfants.

Remarquez l'air hébété de plusieurs de ceux-ci. Ils sont à l'âge où ils pourraient fréquenter l'école.

Un peu de nourriture et ils deviendront vifs et gais !

Un groupe d'enfants arrivant à un hôpital.

Ceux qu'on pourrait encore sauver,

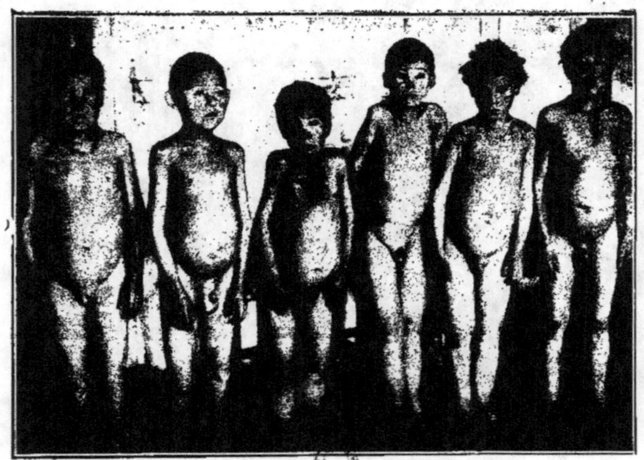

Ceux qu'on pourrait encore sauver.

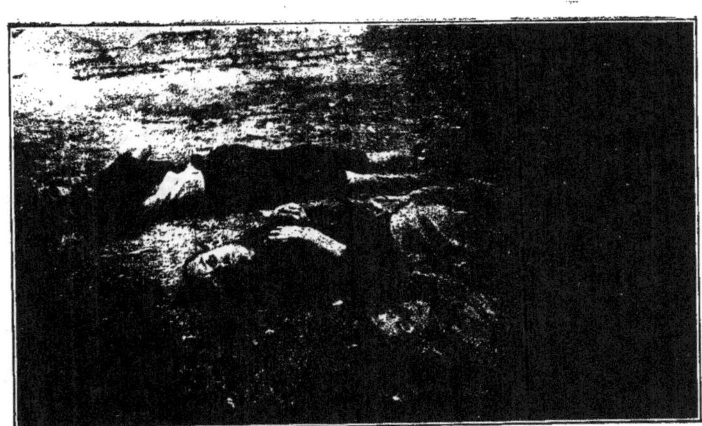

Ceux qui n'ont plus besoin de secours...

Ceux qui n'ont pas besoin de secours...

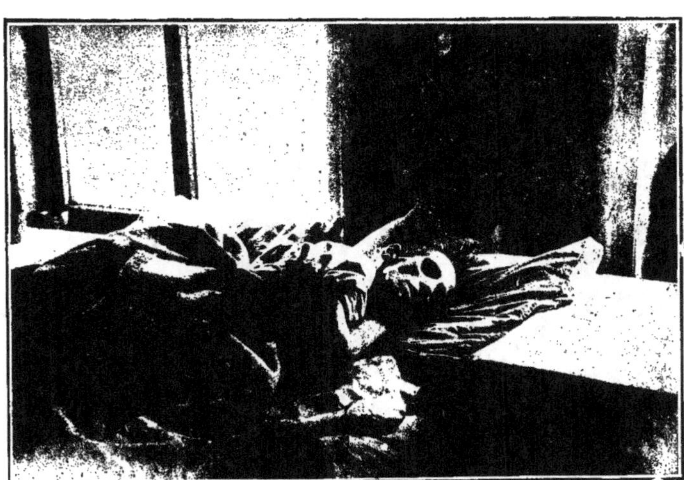

Chaque jour, chaque minute, accroissent le nombre des mourants...

Dans les villes, les convois se suivent. On enterre les morts sans cercueils, dans des fosses communes, car les survivants sont trop épuisés pour pouvoir clouer des planches et creuser des tombes.

Les routes des campagnes sont jonchées de cadavres dépouillés de leurs vêtements, par ceux qui survivent et qui ont froid.

Une charrette passe qui enlève les morts et les conduit jusqu'à la fosse commune creusée
au milieu du cimetière.

Le Cimetière de Buzuluk !

Buzuluk est une toute petite localité de la région de la Volga.
Ce monceau représente les morts ramassés en *deux jours*.

LES SECOURS

Parallèlement à l'action de secours organisée par le gouvernement russe, des œuvres étrangères fonctionnent activement dans les régions atteintes par la famine.

Que ce soit l'*American Relief Administration* (action Hower), le *Comité d'Assistance au Peuple russe,* la *Société des Amis,* l'*Union Internationale de Secours aux Enfants,* on peut être assuré que tous les secours envoyés parviennent — et rapidement — à leur destination. Les représentants de toutes les œuvres de secours séjournant en Russie ne cessent de l'attester ; par un radio du 14 décembre dernier, le Dr Nansen (qui a été nommé Haut-Commissaire du Comité International de Secours à la Russie) se porte garant de la juste répartition de tous les dons envoyés de l'extérieur.

Le *Comité Français de Secours aux Enfants,* 16, rue des Ecoles, Paris, (affilié à l'Union Internationale de Secours aux Enfants, association créée sous le patronage du Comité International de la Croix Rouge), reçoit à son secrétariat, les dons qui lui sont envoyés et les fait parvenir régulièrement aux affamés par l'intermédiaire du Dr Nansen.

La consultation dans un asile d'enfants.

L'heure du repas dans une cantine.

A la cantine française qui fonctionne à Saratov, un repas de 800 calories revient à moins de 0 fr. 65.
Avec 5 francs, on nourrit un enfant pendant plus d'une semaine.
Avec 20 francs, on le nourrit pendant un mois.
Avec 100 francs, on peut lui sauver la vie.

L'arrivée d'un train de secours.
Si chacun donne un peu, d'autres suivront.

Un appel d'Anatole France

En préface de la brochure que le Comité français de Secours aux Enfants a fait éditer pour la cérémonie d'hier, le maître Anatole France a rédigé ces lignes émouvantes :

Ce sont des enfants, des innocents, et ils meurent ; ce sont des enfants et ils meurent de faim.

S'ils ne sont pas secourus, il en mourra cinq millions. Vous les avez vus, ces enfants, tels qu'ils sont représentés par l'implacable photographie, décharnés, inertes, muets, implorant d'un regard presque éteint une bouchée de nourriture.

Si vous ne secourez pas ces pauvres petits, cette image que vous avez vue vous poursuivra comme un remords tout le reste de votre vie et vous songerez : je l'ai vu implorant et je me suis détourné de lui et il est mort.

Donnez aux enfants des mères qui sont mortes de faim ou qui vont mourir en les serrant dans leurs bras. Un faible souffle les anime encore.

Donnez, donnez bien vite un peu de pain. Et ne dites pas : trop tard ! qu'ils vivent !

Anatole FRANCE.

A 20 h. 30, le Trocadéro tient, dans son amphithéâtre, près de 6.000 personnes ardentes, et, dans ses couloirs, quelques milliers qui ne pourront entrer.

A 20 h. 30, Nansen arrive et prend place, sur la tribune, au milieu d'une folle ovation. A la table où il va s'asseoir, notre chère Séverine, Mmes de Saint-Prix, Madeleine Rolland, Louise Bodin, Duchêne, Roland, Reverchon, et M. Ferdinand Buisson présidera.

Édité par

LE COMITÉ FRANÇAIS DE SECOURS AUX ENFANTS

AFFILIÉ A L'UNION INTERNATIONALE DE SECOURS AUX ENFANTS

ASSOCIATION CRÉÉE SOUS LE PATRONAGE DU

✠ COMITÉ INTERNATIONAL DE LA CROIX ROUGE ✠

SECRÉTARIAT : 16, RUE DES ÉCOLES, PARIS (Vᵉ)

de 4 à 6 heures tous les jours non fériés

IMP. UNION, 46, BD ST-JACQUES, PARIS

Prix : 3 francs

Edité par

LE COMITÉ FRANÇAIS DE SECOURS AUX ENFANTS

Affilié a l'Union Internationale de Secours aux Enfants

✝ association créée sous le patronage du
Comité International de la Croix Rouge ✝

Secrétariat : 16, Rue des Ecoles, Paris (Vᵉ)

de 4 à 6 heures tous les jours non fériés

Prix : 3 francs

Imp. Union, 46, Bd St-Jacques, Paris

www.ingramcontent.com/pod-product-compliance
Lightning Source LLC
LaVergne TN
LVHW020007180726
843503LV00008B/3836